Les Audits des projets financés par la Banque Mondiale

Pierrange De Tsoungazy

Les Audits des projets financés par la Banque Mondiale

Éditions universitaires européennes

Impressum / Mentions légales

Bibliografische Information der Deutschen Nationalbibliothek: Die Deutsche Nationalbibliothek verzeichnet diese Publikation in der Deutschen Nationalbibliografie; detaillierte bibliografische Daten sind im Internet über http://dnb.d-nb.de abrufbar.

Alle in diesem Buch genannten Marken und Produktnamen unterliegen warenzeichen-, marken- oder patentrechtlichem Schutz bzw. sind Warenzeichen oder eingetragene Warenzeichen der jeweiligen Inhaber. Die Wiedergabe von Marken, Produktnamen, Gebrauchsnamen, Handelsnamen, Warenbezeichnungen u.s.w. in diesem Werk berechtigt auch ohne besondere Kennzeichnung nicht zu der Annahme, dass solche Namen im Sinne der Warenzeichen- und Markenschutzgesetzgebung als frei zu betrachten wären und daher von jedermann benutzt werden dürften.

Information bibliographique publiée par la Deutsche Nationalbibliothek: La Deutsche Nationalbibliothek inscrit cette publication à la Deutsche Nationalbibliografie; des données bibliographiques détaillées sont disponibles sur internet à l'adresse http://dnb.d-nb.de.

Toutes marques et noms de produits mentionnés dans ce livre demeurent sous la protection des marques, des marques déposées et des brevets, et sont des marques ou des marques déposées de leurs détenteurs respectifs. L'utilisation des marques, noms de produits, noms communs, noms commerciaux, descriptions de produits, etc, même sans qu'ils soient mentionnés de façon particulière dans ce livre ne signifie en aucune façon que ces noms peuvent être utilisés sans restriction à l'égard de la législation pour la protection des marques et des marques déposées et pourraient donc être utilisés par quiconque.

Coverbild / Photo de couverture: www.ingimage.com

Verlag / Editeur:
Éditions universitaires européennes
ist ein Imprint der / est une marque déposée de
OmniScriptum GmbH & Co. KG
Heinrich-Böcking-Str. 6-8, 66121 Saarbrücken, Deutschland / Allemagne
Email: info@editions-ue.com

Herstellung: siehe letzte Seite /
Impression: voir la dernière page
ISBN: 978-3-8416-6299-6

DEDICACE

Je dédie ce mémoire :

⬥ A mes parents pour tous les sacrifices et privations consentis pour mon éducation. Il s'agit de :

- o Mon père **MILANDOU Pierre**
- o Ma mère **MOUSSAMBOTE Angèle**

⬥ A toutes mes Sœurs :

- o **KIBAKI LANDOU Murielle**
- o **NZOUMBA LANDOU Gercyla**
- o **BIZENGA LANDOU Royale**
- o **M'LEMVO LANDOU Bénédicte**

pour votre soutien moral. Que ce document suscite en vous le désire de toujours apprendre.

REMERCIEMENTS

Au terme de ce travail fascinant et passionnant qui marque la fin de notre cycle de formation à l'Institut Supérieur de Gestion (ISG) de l'Université Marien Ngouabi (UMNG), qu'il nous soit permis d'exprimer notre reconnaissance et nos sincères remerciements à Monsieur **Ludovic NGATSE,** Expert Comptable, Associé Directeur Général d'ERNST & YOUNG, Formateur à l'ISG, qui en dépit de ses multiples occupations nous a permis de donner la forme et le fond à ce mémoire en assurant la Direction.

Nous témoignons aussi notre gratitude aux formateurs de l'ISG particulièrement à ceux du Département des Sciences de Gestion (DSG) et au Directeur : Monsieur **Hyacinthe DEFOUNDOUX FILA**, pour la manière, la méthode et la disponibilité avec lesquelles ils nous ont dispensé les enseignements qui constituent la charpente de notre formation.

Nous remercions également l'ensemble du personnel du Cabinet ERNST & YOUNG pour nous avoir accueillis et encadrés au Département d'Audit Conseils et Services aux Entreprises (ACSE) et pour avoir mis à notre disposition toutes les informations nécessaires pour la réalisation de ce travail.

A nos collègues et amis, pour les souvenirs inimaginables et inoubliables vécus ensemble, qu'ils trouvent ici l'expression de notre profonde gratitude. Nous pensons particulièrement à : **NSIETE Sylvère Eloge, ARAMYS BANTOU Delvy, LOUFOUMA LOUFOUMA Giresse, MOMBO Julio ;** ainsi que tous les étudiants en troisième année de licence de gestion au titre de l'année académique 2008-2009.

AVANT-PROPOS

L'Institut Supérieur de Gestion (ISG) est l'un des onze (11) établissements de l'Université Marien Ngouabi qui a pour vocation la formation des cadres supérieurs dans le domaine de la gestion. Il dispose pour cela de deux (02) départements à savoir : Le Département de Formation des Techniciens Supérieurs (DFTS), qui prépare au Diplôme Universitaire de Techniciens Supérieurs (DUTS) en deux (02) ans dans les options suivantes : Action Commerciale (AC), Techniques Comptables et Financières (TCF), Secrétariat de Direction (SD) et Assistanat de Direction (AD) et le Département des Sciences de Gestion (DSG) dans lequel nous évoluons qui prépare à la Licence es Sciences de Gestion en trois (03) ans dans les options suivantes : Gestion Financière et Comptable (GFC), Gestion Commerciale (GC) et Gestion de Ressources Humaines (GRH).

Dans le but de permettre aux étudiants de s'imprégner de la pratique managériale telle qu'elle est vécue dans le milieu professionnel, il est prévu en deuxième année, un stage dans les entreprises ou autres organisations à l'issu duquel l'étudiant devra rédiger en troisième année, un mémoire sur la base de son vécu dans l'entreprise. En répondant donc à toutes ses exigences du Département des Sciences de Gestion, nous avons effectué un stage au Cabinet ERNST & YOUNG pendant la période allant du 03 Novembre au 15 Décembre 2008 à l'issu duquel nous avons retenu comme thème de notre mémoire : « *Les audits des projets de développement financés par les bailleurs de fonds : cas de la Banque Mondiale*».

LISTE DES ACRONYMES ET ABRÉVIATIONS

ADG	Associé Directeur Général
BIRD	Banque Internationale pour la Reconstruction et le Développement
CNCC	Compagnie Nationale des Commissaires aux Comptes
DACSE	Département Audit Conseil et Service aux Entreprises
DJF	Département Juridique et Fiscal
DPD	Demande de Paiement Direct
DRF	Demande de Retrait/Remboursement de fonds
FFA	Fiduciaire, France Afrique
IAASB	International Auditing and Assurance Standard Board
IDA	Association Internationale de Développement
IFAC	International Federation of Accountants
OHADA	Organisation pour l'Harmonisation en Afrique du Droit des Affaires
RDD	Relevé des Dépenses
SA	Société Anonyme
SAF	Service Administratif et Financier

SOMMAIRE

INTRODUCTION

Les bailleurs de fonds sont des partenaires (Etats, Institutions, Organismes, Associations, etc.) qui dans le cadre d'un projet ou d'un programme, consentent des prêts ou donnent de l'argent pour un objectif déterminé [1]. Dans le cadre des financements accordés aux pays en voie de développement, ils interviennent sous diverses modalités qui peuvent être soit un financement direct ou une mise en place d'un projet de développement. Parmi ces bailleurs de fonds, nous pouvons citer la Banque Mondiale, l'Agence Française pour le développement, la Banque Africaine de Développement, le Fonds Européen de Développement, the United States Agency for International Development USAID, etc.

En effet de nos jours la Banque Mondiale apparaît comme le plus important bailleur d'aide au développement des pays en voie de développement. Elle finance directement ou indirectement des projets en rapport avec le développement de chaque pays. Ainsi de 2003 à 2007 la Banque Mondiale (IDA et BIRD) a financé près de mille trois cent cinquante cinq (1355) projets de développement pour un montant global de 109,238 milliards de USD [2].

Pour permettre à la Banque Mondiale et l'Etat bénéficiaire de l'aide de s'assurer que les fonds alloués ont servi exclusivement à la réalisation des objectifs du projet, il est prévu un cadre juridique approprié pour règlementer la fonction d'audit. Il s'agit des procédures de contrôles financiers et techniques dont la mise en œuvre est confiée à un auditeur indépendant. La pratique de l'audit requiert le respect des normes internationales d'audit qui sont des règles techniques et juridiques.

Les principes juridiques concernent la détermination des agents compétents pour exécuter et contrôler les opérations relatives à la mission d'audit ainsi que la procédure d'exécution de ces opérations.

---

[1] Wikipédia, encyclopédie libre

[2] Banque Mondiale, Rapport annuel 2007

Quant aux règles techniques, elles assimilent l'audit à une technique exclusivement comptable qui exige pour ce faire des compétences requises. L'auditeur indépendant à qui incombe la mission d'audit est tenue de maitriser les particularités que présente une telle mission d'audit par rapport à l'audit classique.

En effet cette technique est avant tout un acte d'encaissement de fonds et de contrôle de l'utilisation qui en est faite. Ce cadre juridique représenté par les normes internationales d'audit favorise l'exécution, le contrôle et par conséquent une réalisation d'un audit efficace. C'est ainsi qu'ayant participé à différents types de missions au cours de notre stage au cabinet ERNST & YOUNG, nous avons porté une attention particulière sur celle relative à l'audit d'un projet de développement en République Démocratique du Congo financé par l'Association Internationale de développement (IDA) de la Banque Mondiale. D'où la réalisation du présent travail sous le thème *« les audits des projets de développement financés par les bailleurs de fonds : cas de la Banque Mondiale ».*

La problématique relative à ce sujet oscille autour de quelques questions de recherche suivantes :

- Quelles sont les caractéristiques des projets financés par les bailleurs de fonds ?
- Quelle différence existe-t-il entre l'audit des projets de développement et l'audit classique ?
- Existe t-il des possibilités envisageables permettant une méthodologie efficace d'une telle mission d'audit ?

Notre étude poursuit un objectif général et des objectifs spécifiques. En ce qui concerne l'objectif général, il est question de faire une analyse des contraintes liées aux audits des projets de développement, d'apprécier les mesures entreprises et de dégager les perspectives d'avenir. Ceci nous conduit substantiellement à formuler les objectifs spécifiques suivants :

- permettre aux auditeurs de maîtriser les particularités que présentent les projets financés par les bailleurs de fonds ;
- présenter les spécificités liés aux audits de ces projets de développement par rapport à l'audit classique ;

- proposer des voies de résolution conduisant à une méthodologie efficace de l'audit.

Pour la réalisation de notre travail, nous avons eu recours aux techniques méthodologiques qui nous ont paru les plus appropriées. Il s'agit de :
- la recherche documentaire
- l'entretien
- l'observation directe

Nous répondrons donc aux questions que nous nous sommes posées en structurant notre travail en trois (03) chapitres. Le premier chapitre porte sur les généralités sur le cabinet ERNST & YOUNG et les projets financés par les bailleurs de fonds. Le deuxième chapitre porte sur la méthodologie générale des audits des états financiers. Enfin le troisième chapitre est consacré aux spécificités des audits des projets et perspectives. Nous en viendrons ensuite à la conclusion.

Chapitre I : GÉNÉRALITÉS SUR LE CABINET ERNST & YOUNG ET LES PROJETS FINANCÉS PAR LES BAILLEURS DE FONDS

Le but poursuivi dans ce chapitre est de présenter le Cabinet ERNST & YOUNG et caractériser les projets financés par les bailleurs de fonds en particulier ceux financés par la Banque Mondiale.

1. Présentation du cabinet ERNST & YOUNG

ERNST & YOUNG est l'un des principaux cabinets d'audit, l'un des **Big Four** (les quatre plus grands cabinets d'audit du monde), et le troisième réseau mondial en termes de chiffre d'affaires (après PricewaterhouseCoopers et Deloitte) [3]. ERNST & YOUNG est aussi nommé par son acronyme EY, ou également E & Y (prononcé en anglais [i-ouaï]). Sa mission est de répondre aux enjeux majeurs de ses clients (sociétés cotées, entreprises du Middle Market, jeunes entreprises innovantes, secteur public, fonds d'investissements...). Ces derniers étant confrontés à une internationalisation accrue, à la complexité des réglementations, à une exigence de performance financière et de maîtrise des risques, ERNST & YOUNG leur assure à la fois l'approche croisée d'experts multi-métiers et des compétences sectorielles. ERNST & YOUNG est l'auditeur de nombreuses entreprises de premier plan, membres du classement Fortune 1000. Parmi elles, on peut noter AOL Time Warner, Wal-Mart, Amazon.com, 3M, Oracle, McDonalds, Google, Intel, Hewlett-Packard, Coca-Cola, et Verizon.

1.1 Historique

La firme telle que nous la connaissons aujourd'hui est le résultat d'une série de fusions entre d'anciennes organisations.

---

[3] Financial times, Classement 2005

La plus ancienne d'entre elles (*Harding & Pullein*) a été fondée en 1849 au Royaume-Uni. Cette même année, l'Américain Frederick Whinney entre dans la profession et devient associé en 1859, et renommera sa société *Whinney, Smith & Whinney* en 1894, avec l'aide de ses fils également dans la profession. En 1903, *Ernst & Ernst* est établi à Cleveland par Alwin et Theodore Ernst et en 1906 *Arthur Young & Company* est créée à Chicago.

En 1965, Whinney, Smith & Whinney fusionne avec *Brown, Fleming & Murray* pour former la firme de comptabilité et de conseil *Whinney Murray*. Whinney, Smith & Whinney a été une alliée proche d'Ernst & Ernst depuis les années 1940, et en 1979 Whinney Murray, Ernst & Ernst, et *Turquands Barton Mayhew* se regroupent pour former *Ernst & Whinney*, créant ainsi le quatrième plus important cabinet d'audit mondial. En 1989, le numéro quatre fusionne avec le numéro cinq de l'époque, *Arthur Young*, pour créer Ernst & Young. Ce rapprochement participe à la concentration du secteur de l'audit comptable, ayant vu passer en quelques années les Big Ten en Big Four.

Le réseau a ensuite créé sa propre activité de conseil durant les années 1980 et 1990. La Securities and Exchange Commission (SEC) et ses membres issus de la communauté des investisseurs financiers ont commencé à s'inquiéter des potentialités de conflits d'intérêts entre les travaux d'audit et de conseil. ERNST & YOUNG fut le premier des Big Five de l'audit (avec Deloitte, PwC, KPMG et Arthur Andersen) à séparer formellement ses systèmes d'intégration et ses pratiques d'audit.

Le bureau ERNST & YOUNG au Congo a été créé en 1984, du rapprochement entre HELIOS et Fiduciaire France Afrique (FFA). Actuellement il constitue l'un des grands cabinets du pays, membres d'un réseau international. Le bureau utilise en matière d'Audit et de conseil des technologies identiques à celles mises en œuvre par les bureaux du réseau situés dans les autres pays tels que la France et les Etats –Unis.

1.2 Localisation

Le Cabinet ERNST & YOUNG compte au CONGO deux (02) bureaux :

Brazzaville et Pointe-Noire.

Le bureau de Brazzaville est situé au deuxième étage de l'immeuble CFAO sis sur l'Avenue Paul Doumer à M'Pila non loin de la Direction générale des dépêches de Brazzaville.

Le bureau de Pointe-Noire est situé au sixième étage de l'immeuble CNSS

Sur le plan mondial les zones d'implantation d'ERNST & YOUNG sont :

- En **Afrique et au moyen orient,** ERNST & YOUNG se trouve dans 37 pays et compte 61 bureaux avec un effectif de 6000 employés ;

- En **Amérique centrale et en Amérique du sud,** ERNST & YOUNG comprend 50 bureaux dans 26 pays avec un effectif de 8000 employés ;

- En **Asie Pacifique :** ERNST & YOUNG dispose de 97 bureaux dans 23 pays avec un effectif de 22000 employés ;

- En **Europe,** il possède 300 bureaux dans 46 pays avec un effectif de 45000 employés ;

- En **Asie et au Canada :** ERNST & YOUNG compte 125 bureaux dans deux pays avec un effectif de 29000 employés.

1.3   Forme juridique D'ERNST & YOUNG Congo

ERNST & YOUNG Congo est une Société Anonyme au capital de 10.000.000 de FCFA avec Conseil d'administration et Directeur Général, enregistré sous le n°**R.C.C.M.CG/BZV/07** au registre de commerce et du crédit mobilier du Congo Brazzaville, Agrément CEMAC N° 09, NIF n° 0119732207.

1.4   Champs d'activités

Les activités du Cabinet ERNST & YOUNG sont :

- Audit : certification, maîtrise des risques, amélioration de la performance financière, accompagnement et externalisation ;
- Conseil : performance financière, performance opérationnelle, accompagnement stratégique ;
- Droit et fiscalité : fiscalité des entreprises, droit des affaires, droit social, mobilité internationale ;
- Transactions : Due diligences, évaluations, restructuring, fusions & acquisitions

1.5   Organisation et Fonctionnement d'ERNST & YOUNG Congo

1.5.1 Organisation

[4] Une organisation est un ensemble d'éléments en interaction, regroupés au sein d'une structure régulée, ayant un système de communication pour faciliter la circulation de l'information, dans le but de répondre à des besoins et d'atteindre des objectifs déterminés.

Le cabinet ERNST & YOUNG Congo est organisé en quatre (4) structures :

- la Direction générale ;
- le Département juridique et fiscal ;
- le Département Audit, Conseil et Services aux Entreprises (ACSE) ;
- le Service administratif et financier.

a.   La Direction générale

Le bureau d'Ernst & Young au Congo est dirigé par M. Ludovic NGATSE au titre d'Associé Directeur Général (ADG). Un service de secrétariat lui est rattaché.

Les attributions de l'ADG sont :

- organiser, orienter, coordonner et contrôler toutes les activités ;
- établir et mettre en œuvre les politiques de l'entité.

---

[4] Wikipédia, encyclopédie libre

b. Le Département Juridique et Fiscal (DJF)

Ce département effectue les missions de conseil en fiscalité et des opérations nécessitant une application particulière du droit. Il est placé sous la direction de Mr Crespin SIMEDO qui coordonne et contrôle ces activités.

c. le Département Audit, Conseil et Services aux Entreprises (ACSE)

Ce département est administré par M. Oumarou DIANDA. Ce dernier assume la coordination des activités d'audit, la vérification et le contrôle des travaux menés par les directeurs de mission. Il y a quatre (4) directeurs de missions pour chacune des activités suivantes :

- Expertise télécoms et forêts ;
- Banques et assurances ;
- Technology and security risks services et business risks services ;
- Management public projects.

On peut représenter ce département par l'organigramme ci-après

```
┌─────────────────┐
│ Associé Directeur│
│     Général      │
└─────────────────┘
         │
         ▼
┌─────────────────┐
│    Directeur     │
│  départemental   │
└─────────────────┘
         │
         ▼
┌─────────────────┐
│   Directeur de   │
│ mission (manager)│
└─────────────────┘
         │
         ▼
┌─────────────────┐
│ Chef de mission  │
│     sénior       │
└─────────────────┘
         │
         ▼
┌─────────────────┐
│  Assistant et    │
│    stagiaire     │
└─────────────────┘
```

d. Le Service Administratif et Financier (SAF)

Administré par Mme Claudia IKIEMI, ce service est composé de trois (3) sections :

- Comptabilité ;

- Trésorerie ;
- Informatique.

Mme IKIEMI assure la vérification de la correcte tenue de la comptabilité et du contrôle des mouvements de caisse.

ORGANIGRAMME DU CABINET ERNST & YOUNG

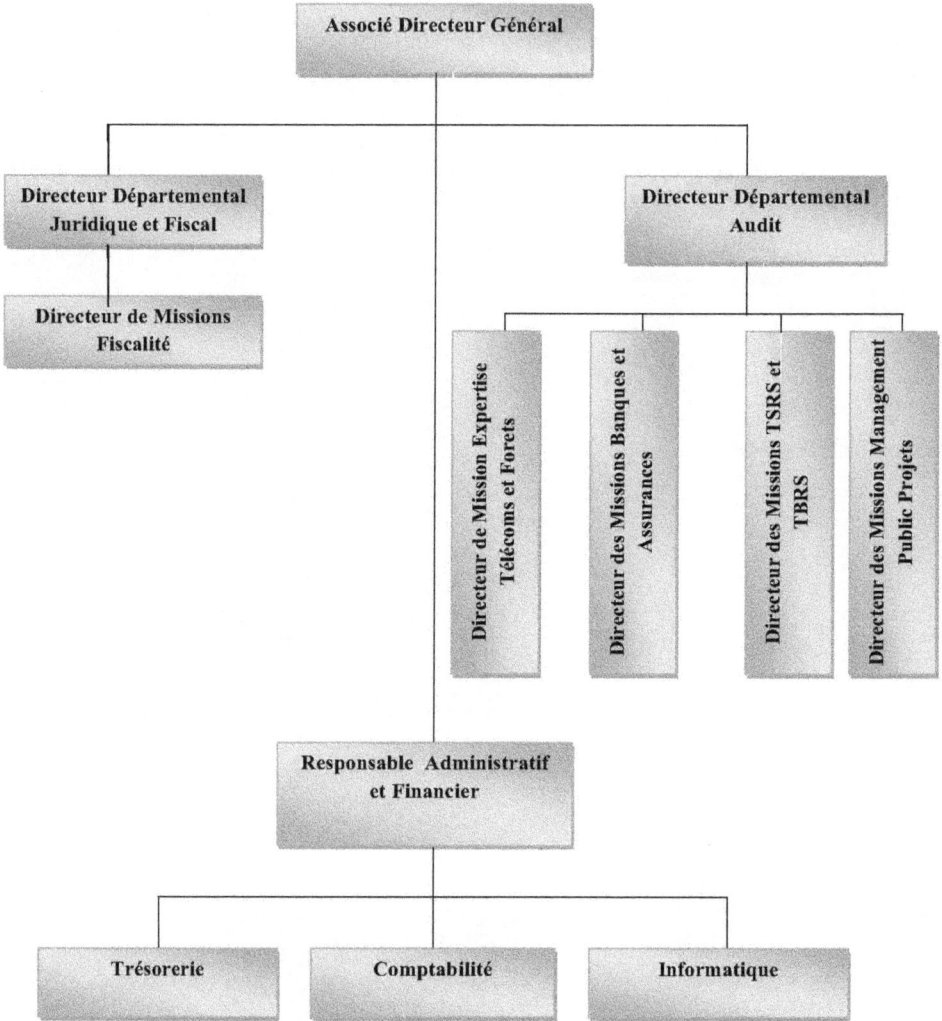

```
                        ┌─────────────────────────┐
                        │  Associé Directeur Général │
                        └─────────────────────────┘
                                    │
            ┌───────────────────────┴───────────────────────┐
┌─────────────────────────┐                    ┌─────────────────────────┐
│ Directeur Départemental │                    │ Directeur Départemental │
│   Juridique et Fiscal   │                    │          Audit          │
└─────────────────────────┘                    └─────────────────────────┘
            │                                               │
┌─────────────────────────┐              ┌─────────┬────────┼────────┬─────────┐
│  Directeur de Missions  │              │         │        │        │         │
│       Fiscalité         │
└─────────────────────────┘
```

- Directeur de Mission Expertise Télécoms et Forets
- Directeur des Missions Banques et Assurances
- Directeur des Missions TSRS et TBRS
- Directeur des Missions Management Public Projets

```
                        ┌─────────────────────────┐
                        │ Responsable Administratif │
                        │      et Financier        │
                        └─────────────────────────┘
                                    │
            ┌───────────────────────┼───────────────────────┐
    ┌───────────────┐       ┌───────────────┐       ┌───────────────┐
    │   Trésorerie  │       │  Comptabilité │       │  Informatique │
    └───────────────┘       └───────────────┘       └───────────────┘
```

1.5.2 Fonctionnement

Le fonctionnement du cabinet ERNST & YOUNG est tel que, chaque département (DACSE et DJF) a un mode de fonctionnement propre. Ils travaillent en collaboration avec le service Administratif et financier. La durée hebdomadaire de travail est de 40 heures. Le bureau est ouvert de 7h 30 à 12h 30 et de 15h à 18h. Une pause de 2h 30 est marquée pour permettre à tout le personnel de se recréer afin de mieux travailler l'après midi.

Le bureau compte environ 40 collaborateurs recrutés selon les critères en vigueur dans le réseau international. Tous bénéficient d'une formation continue selon les programmes de perfectionnement organisés en Afrique et en France.

a. Fonctionnement du Département Juridique et Fiscal

Ce département propose des solutions aux entreprises dans toutes les questions de droit et de fiscalité. Il intervient dans les matières suivantes :
- Assistance juridique et fiscale dans le cadre du recrutement du personnel et de la gestion sociale
- Rédaction des textes juridiques
- Audit fiscal, social et juridique
- Création de structure
- Restructuration des entreprises
- Privatisation

b. Fonctionnement du Département Audit, Conseil et Service aux Entreprises

Ce département s'occupe des questions pures d'audit financier. Il applique au Congo la méthodologie générale d'audit et accomplit les missions d'audit et conseil selon les normes d'audit reconnues au niveau international.

c. Fonctionnement du Service Administratif Financier

Ce service regroupe en son sein trois sections à savoir la comptabilité, la trésorerie et l'informatique.

- **La Comptabilité**

Cette section s'occupe de l'établissement des écritures relatives aux opérations effectuées par le cabinet et des états de synthèse.

Pour des raisons de règlement, les activités comptables s'exercent dans deux sociétés :

- ERNST & YOUNG Audit SA

- FFA juridique et fiscale SA

Pour garantir les bonnes conditions de travail, la comptabilité dispose d'outils informatiques dynamiques comme support, d'un logiciel comptable et des documents comptables appropriés.

La comptabilité est tenue en fonction des normes et dispositions du droit comptable OHADA.

Les principaux journaux sont : le journal caisse, banque, clients, fournisseurs, et celui des opérations diverses.

- **La Trésorerie**

Elle gère les ressources financières du cabinet et enregistre les dépenses et recettes du cabinet. Il est tenu une caisse menu dépense en trois monnaies: Dollars, Euro, et en franc CFA.

- **Informatique**

La Section Informatique gère le réseau qui assure la connexion avec ERNST & YOUNG Word Wilde (mondial) à travers une liaison sécurisée gérée sous Lotus Note. Il gère tout le parc informatique et les sécurités d'accès au réseau Lotus.

Il s'assure de l'inviolabilité du système et de l'état des matériels informatiques du cabinet.

2. Caractéristiques des projets financés par les bailleurs de fonds

2.1 Définition

« Un projet de développement est un ensemble de moyens mis en œuvre dans le but de réaliser un objectif économique, dans un laps de temps fixé au préalable ».

Il existe deux grandes catégories des projets de développement : les projets productifs et les projets non productifs.

a. Les Projets productifs

Ce sont des projets dont la production est destinée à être vendue sur le marché, tels que les projets miniers, industriels, énergétiques, agricoles etc.

Ce type de projet vise généralement trois objectifs :

- ✓ Satisfaire la demande intérieure de la population d'un pays, afin de réduire les importations coûteuses pour l'économie nationale. On peut citer comme exemple les projets agricoles de promotion de la consommation des produits locaux.
- ✓ Améliorer la compétitivité de l'offre nationale par la modernisation des moyens techniques et par la mise en place des infrastructures de base. On peut citer comme exemple les projets miniers, d'électricité et de télécommunications.
- ✓ Faciliter l'intégration de l'économie nationale au système mondial par la promotion des exportations des produits locaux. On peut citer comme exemple les projets d'encadrement et d'assistance aux exportations agricoles et minières.

13

b. Les Projets non productifs

Ce sont des projets dont l'objectif principal est la mise en place des structures de développement socio-économique.

Ce type de projet vise essentiellement à :

- ✓ Mettre en place des infrastructures socio-économiques générales telles que les écoles, les hôpitaux, les routes et les institutions scolaires.
- ✓ Appuyer les facteurs de production tels que l'encadrement technique, la vulgarisation des techniques et à la formation du personnel.
- ✓ Organiser le système économique par l'assistance financière et législative, comme par exemple la mise en place des organismes de crédit, la rédaction des textes législatifs et l'appui aux plans d'ajustements structurels.

Un projet de développement par nature a une durée de vie limitée (en moyenne 3 à 4 ans), car il n'est constitué que pour la réalisation d'un objectif précis. A la fin du temps imparti il doit en principe disparaître ou évoluer sous une autre forme.

2.2 Cycle de vie

Le cycle normal d'un projet de développement comporte six (06) phases :

- *La phase d'Identification*

Durant cette phase les équipes de la Banque collaborent avec le gouvernement du pays client à l'identification des projets qui pourraient être financés afin de promouvoir les objectifs de développement convenus.

Une fois un projet identifié, l'équipe de la Banque prépare une fiche descriptive du projet, document interne de quatre ou cinq pages décrivant les éléments de base du projet, l'objectif visé, les risques probables, les variantes envisageables et indiquant le calendrier provisoire du processus d'approbation du projet.

- *La phase de Préparation*

Cette phase du processus est menée par le pays avec lequel travaille la Banque et peut durer de quelques mois à trois (03) ans, selon la complexité du projet proposé. La Banque joue un rôle de soutien, et fournit des services d'analyse et de conseil lorsque le pays le lui demande. Durant cette période, les problèmes techniques, institutionnels, économiques, environnementaux et financiers soulevés par le projet sont examinés et les solutions possibles, y compris d'autres méthodes qui permettraient d'atteindre les mêmes objectifs, sont évaluées.

- *La phase d'Estimation*

C'est l'évaluation des moyens financiers nécessaires à la réalisation des objectifs et la recherche des financements.

- *La phase de Négociation et d'approbation*

Une fois que les services de la Banque ont évalué une proposition de projet, la Banque et le pays qui souhaite obtenir un financement négocient la forme que celui-ci revêtira, et les deux parties s'entendent sur les modalités du financement. Le document d'évaluation du projet (PAD) ou le document du programme (PGD) est soumis aux Administrateurs de la Banque pour approbation, en même temps que le mémorandum du président et les documents juridiques. Dans le pays, les documents pertinents sont également soumis pour autorisation finale par le gouvernement emprunteur, ce qui nécessite dans certains cas leur ratification par le conseil des ministres ou par le corps législatif.

Une fois que le financement a été approuvé par les deux parties, l'accord de financement est officiellement signé par leurs représentants. Le prêt ou le crédit est alors déclaré en vigueur, ou au stade des décaissements dès que les conditions pertinentes auront été réunies, et le texte de l'accord est rendu public.

- *La phase d'Exécution et de Supervision*

L'exécution du projet incombe au pays emprunteur tandis que la supervision est du ressort de la Banque. Une fois le financement approuvé, le gouvernement emprunteur, avec l'assistance technique de la Banque, prépare les spécifications et évalue les offres soumises au titre des marchés de fourniture et de services concernant le projet. La Banque examine le déroulement de ces activités pour s'assurer que ses directives de passation de marché ou de contrat ont été suivies. Si c'est le cas, les fonds seront décaissés. L'équipe de gestion financière de la Banque supervise la gestion financière pendant toute la durée du projet, notamment en exigeant la soumission d'Etats financiers vérifiés à intervalle régulier.

- *La phase d'Evaluation*

La Banque est chargée de cette phase du processus. Ses agents examinent le travail accompli durant les phases d'identification et de préparation et passent souvent trois à quatre semaine dans le pays client. Ils préparent et soumettent à la Direction de la Banque un document d'évaluation du projet (pour les projets d'investissement) ou un document de programme (pour les opérations d'ajustement) ; l'équipe de gestion financière évalue les aspects financiers du projet. Le document d'information sur le projet (PID) est mis à jour durant cette phase. Une fois que le projet a été approuvé, ces documents sont rendus publics.

2.3 Organisation et Gestion administrative et financière

a. Organisation

Les Projets de développement sont des organisations simples ne comportant que des intervenants indispensables à l'utilisation des fonds mis à leur disposition.
On rencontre généralement :

- **Le comité technique** : Il assure une fonction de contrôle global similaire au conseil d'administration des sociétés anonymes.

- *La Direction* : Elle comporte le Directeur du Projet et celui du personnel d'encadrement.
- *L'Assistance Technique* : Elle est chargée d'assurer la gestion technique ou financière du Projet
- *Le personnel de terrain* : Il est chargé d'exécuter les travaux ;
- *Le ministère de tutelle* : Il représente l'Etat qui lui confie la signature sur l'accord de crédit. Le projet dépond de lui pour des raisons suivantes :
  - o Il est l'interlocuteur direct du bailleur de fonds
  - o Le choix de l'auditeur dépend directement de lui
  - o Il nomme ou propose les personnes clefs du projet
  - o Il peut ordonner d'autres contrôles
  - o Il détient parfois la signature sur les contrats importants
  - o Il est responsable devant le gouvernement des résultats finaux du projet et notamment en cas de scandale politique lié aux détournements de fonds.
- *le bailleur de fonds* représenté par le Responsable local et le chargé de mission (Task Manager) chargé de suivre le déblocage du crédit pour le compte du prêteur.

L'organigramme type se présente comme suit :

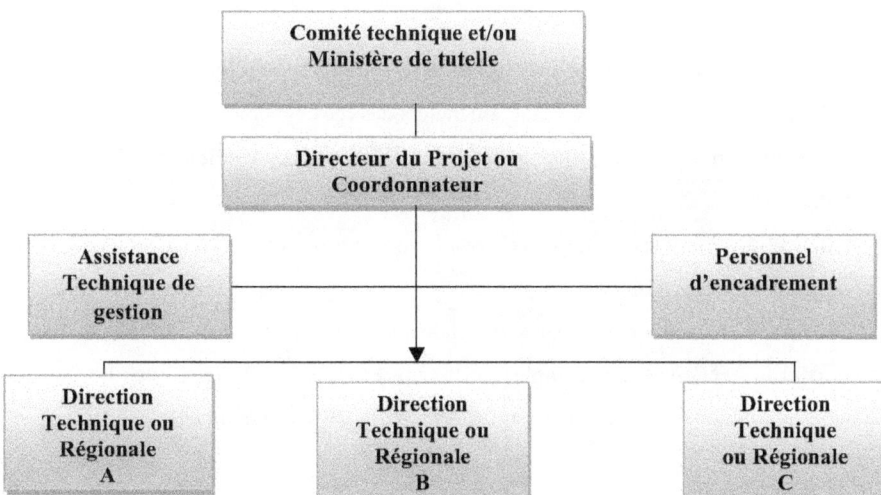

17

b. Gestion administrative, financière et comptable

Dans les Projets de développements on constate généralement:
-   Une absence de manuel d'organisation et des procédures peu formalisées.
-   Une gestion comptable manuelle ou tenue sur micro-informatique.
-   Une qualification insuffisante du personnel administratif et comptable.

Les Projets de développement sont des prolongements directs de l'administration publique. Ce qui est souvent un handicap sur le plan organisationnel et sur la qualification du personnel d'encadrement.

En effet les principaux responsables du projet sont souvent désignés directement par le ministère de tutelle, dans ces conditions, le personnel d'encadrement est constitué essentiellement des fonctionnaires dont la qualification est parfois mal adaptée aux besoins de leur poste.

En ce qui concerne la gestion comptable et financière, d'une manière générale les principes et normes comptables dans les projets de développement ne sont pas définis par les bailleurs de fonds. La Banque Mondiale quant à elle recommande que la comptabilité soit tenue conformément à des normes internationales généralement admises. Elle exige pour tous les projets qu'elle finance le respect des principes fondamentaux suivants :
-   Comptabilisation intégrale de tous les fonds reçus par le projet ;
-   Mention régulière dans les états financiers des renseignements significatifs ;
-   Présentation sincère et reflet fidèle de la situation et des résultats dans les états financier
-   Indication claire des principes comptables adoptés dans les états financiers
-   Examen indépendant des comptables.

Certains projets mettent en place un plan comptable normalisé comprenant les classes de 1 à 7 relatives aux comptes de bilan et de gestion. Dans ce cas les états financiers sont standards et comportent un compte de résultat (le modèle est présenté en annexe).

Dans d'autres projets le système comptable est basé sur l'accord de crédit. Le modèle d'états financiers correspondant à ce système est basé sur l'accord de crédit. Le modèle d'états financiers correspondant à ce système est présenté en annexe. Il faut aussi noter dans les projets de développement un système comptable de trésorerie et un système budgétaire basés respectivement sur le suivi des décaissements et des encaissements, qui ne prend pas en compte les engagements en cours (modèle présenté en annexe).

2.5 Financement et Système d'évaluation par la Banque Mondiale

a. Financement

La Banque Mondiale finance les Projets de développement par le biais de ses filiales financières qui sont l'Association Internationale de Développement (IDA) et la Banque Internationale pour la Reconstruction et le Développement (BIRD).

Une partie de fonds alloués par celles-ci permet de régler les fournitures, travaux et services devant être acquis dans le cadre du projet de développement. L'autre partie de fonds permettra de financer les audits techniques externes.

b. Système d'évaluation

Les buts fondamentaux de l'évaluation consistent à analyser l'écart entre les objectifs fixés au départ et les réalisations, et à utiliser les renseignements ainsi obtenus pour améliorer la méthode de gestion, de planification et d'actions. Il y a deux aspects distincts dans un système d'évaluation; d'une part, l'aspect descriptif qui permet d'identifier les responsabilités et, d'autre part, l'aspect pédagogique destiné à une amélioration de la gestion des projets futurs.

Ainsi, le système d'évaluation de la Banque Mondiale comporte deux (02) niveaux. Dans un premier temps, les services opérationnels intéressés procèdent à leur auto-évaluation. L'ensemble des services concernés participent à cette phase : emprunteurs, cadres de la Banque, consultants et experts... Dans un deuxième temps, le Département de l' Evaluation Rétrospective des Opérations passe ces auto-évaluations en revue et analyse leurs impacts sur le plan opérationnel.

Chapitre II : MÉTHODOLOGIE GÉNÉRALE DES AUDITS DES ETATS FINANCIERS

« L'audit financier consiste à étudier la régularité, la sincérité et l'exhaustivité des comptes et états financiers de l'entreprise, afin de formuler et garantir une opinion auprès des destinataires du rapport d'audit. L'audit peut être contractuel ou légal (commissariat aux comptes)» [5].

L'auditeur ou le commissaire aux comptes est donc tenu d'exercer sa fonction selon une démarche établie et reconnue. Cette dernière est appelée : « méthodologie d'audit ». Elle correspond à : la prise de connaissance de l'entreprise, la revue du contrôle interne, le contrôle des comptes et la rédaction des rapports. Ces différentes étapes feront l'objet d'une description dans ce chapitre.

1. Prise de connaissance de l'entreprise

La connaissance de l'entreprise comprend la compréhension de l'environnement dans lequel elle se situe ainsi que l'identification des spécificités de l'entreprise. Cette approche a pour objectif d'identifier les risques pouvant avoir une incidence significative sur les comptes. Les normes internationales d'audit (**IFAC n°310-2**) relatives à la connaissance des activités de l'entreprise stipule : « pour réaliser un audit des états financiers, l'auditeur doit avoir une connaissance suffisante des activités de l'entité afin d'identifier et de comprendre les événements, opérations et pratiques de l'entité qui, d'après son jugement peuvent avoir une incidence significative sur les états financiers, sur son examen ou sur le rapport d'audit ». Il conviendra donc pour l'auditeur de procéder à une collecte des informations en utilisant des techniques appropriées et en faire un examen analytique.

---

[5] Droit comptable OHADA, Terminologie

1.1. Collecte des informations

Les informations collectées par l'auditeur porteront sur :

- L'activité de l'entreprise et le secteur dans lequel elle opère à savoir la nature des activités, les chiffres clés et les principaux partenaires ;
- Son organisation informatique, administrative et comptable : Systèmes informatiques, procédures comptables et administratives, contrôle budgétaire, service d'audit interne ;
- Ses politiques générales : politiques financières, commerciales et sociales ;
- Ses politiques comptables ;
- Ses perspectives de développement.

1.2. Techniques de collecte

Les techniques utilisées par l'auditeur relèvent essentiellement des entretiens avec les différentes personnes qui sont susceptibles de fournir des informations appropriées, de l'analyse de la documentation interne et externe obtenue et de la visite des locaux.

1.3. Examen analytique

L'examen analytique selon la Compagnie Nationale des Commissaires aux Comptes (CNCC) consiste à :

- Faire des comparaisons entre les données résultant des comptes annuels et des données antérieures, postérieures et prévisionnelles de l'entreprise ou des entreprises similaires et établir des relations entre elles ;
- Analyser les fluctuations et les tendances ;
- Etudier et analyser les éléments inhabituels résultant des comparaisons

2. Revue du contrôle interne

Après avoir acquis une certaine connaissance de l'entreprise comme défini ci-dessus, le commissaire aux comptes procède à la revue du contrôle interne.

« Le système de contrôle interne est l'ensemble des politiques et procédures mises en œuvre par la direction d'une entité en vue d'assurer, dans la mesure du possible, la gestion rigoureuse et efficace de ses activités. Ces procédures impliquent le respect des politiques de gestion, la sauvegarde des actifs, la prévention et la détection des fraudes et des erreurs, l'exhaustivité des enregistrements comptables et l'établissement en temps voulu d'informations financières stables » [6].

L'auditeur dans sa mission se permettra d'apprécier le contrôle interne qui lui permettra de déterminer la quantité de contrôles directs à réaliser et lui fournira l'occasion de faire des recommandations pour améliorer les procédures défaillantes. Il ne vérifie pas toutes les procédures de contrôle mais seulement celles sur lesquelles il souhaite s'appuyer pour fonder son opinion.

La revue du contrôle interne porte sur les opérations courantes et répétitives (achats, ventes, paie, opérations bancaires,...). Pour les opérations ponctuelles ou exceptionnelles (par exemple versement d'acomptes sur dividendes, cessions d'immobilisations, augmentation de capital, etc.), qui par nature ne sont ni répétitives ni courantes, l'auditeur vérifie directement, s'il le juge utile les justificatifs nécessaires.

2.1. Techniques utilisées pour la revue du contrôle interne

La revue du contrôle interne implique le respect des phases de travail suivantes :

- La prise de connaissance des procédures mises en place par l'entreprise ;

---

[6] Définition donnée par la norme 400 de l'IAASB (International Auditing and Assurance Standard Board)

- La description du système ;
- La vérification de l'existence réelle du système ;
- L'évaluation des risques dus à la conception des systèmes (feuille d'analyse des contrôles) ;
- La vérification du bon fonctionnement des procédures (test sur les contrôles).

2.1.1. Prise de connaissance des procédures mises en place

L'auditeur acquiert au cours de cette phase une bonne compréhension du circuit de traitement de l'information, depuis l'initiation d'une opération jusqu'à sa traduction dans les comptes annuels de l'entreprise.

Pour réaliser cette phase, l'auditeur doit suivre la démarche suivante :

o Conduire des entretiens avec les responsables des services concernés par l'audit ;
o Analyser s'il existe, le manuel des procédures de contrôle interne ;
o Prendre connaissance des dossiers des auditeurs précédents si aucun problème de confidentialité ne se pose.

2.1.2. Description du système

La logique relative à cette phase est la suivante : l'auditeur doit garder la trace des informations recueillies lors de la prise de connaissance du système.

Il a le choix entre une forme narrative et des diagrammes (flowcharts).

Le flowchart est un diagramme de circuit des documents qui représente graphiquement la suite d'opérations dans laquelle les différents documents, postes de responsabilité sont représentés par des symboles réunis les uns aux autres suivant l'organisation administrative de l'entreprise.

2.1.3. Vérification de l'existence du système

L'objectif poursuivi dans cette troisième phase est de confirmer que le descriptif représente bien la procédure telle qu'elle est prévue par l'entreprise.

L'auditeur sélectionne au hasard un nombre limité de transactions, généralement deux à trois et vérifie que les contrôles prévus par l'entreprise sont effectués.

2.1.4. Evaluation des risques dus à la conception des systèmes

L'auditeur ici juge la pertinence des traitements et des vérifications mis en place par l'entreprise. Le but dans cette phase est de s'assurer que la conception des procédures de contrôle interne, tant au niveau du traitement de l'information que sa vérification élimine les risques d'erreurs et de pertes.

La technique la plus utilisée pour évaluer les risques dus à la conception des systèmes est l'utilisation des questionnaires de contrôles internes. Ceux-ci sont de types fermés ou ouverts.

Dans les questionnaires de type fermé, l'auditeur répond par oui ou non, ou non applicable dans cette entité (N/A). Les questionnaires ouverts obligent l'auditeur à faire un effort de description, de compréhension et de jugement.

2.1.5. Vérification du bon fonctionnement des procédures de contrôle interne

« L'auditeur doit vérifier si les contrôles internes ont été appliqués tout au long de la période » [7]. Pour ce faire l'auditeur dispose de trois (03) techniques pour vérifier le bon fonctionnement des procédures c'est-à-dire déterminer si les procédures décrites sont celles qui sont réellement utilisées, et qu'elles le sont en permanence. Ces techniques sont : l'examen de l'évidence du contrôle interne, l'observation et la répétition des traitements et des vérifications.

---

[7] Commentaire n° 400-27 de la norme internationale d'audit relative au contrôle interne

L'examen de l'évidence du contrôle interne est une technique qui permet de courir des échantillons importants et de donner à l'auditeur l'assurance que les procédures sont respectées en permanence.

L'observation du contrôle interne quant à elle est une technique qui permet à l'auditeur de mieux comprendre la façon dont le contrôle est réalisé et de vérifier son exécution correcte.

Enfin la répétition des traitements et des vérifications permet à l'auditeur de s'assurer que, aux traitements et vérifications matérialisés par des visas ou des documents, est lié un travail prévu ayant été, quant à lui, évalué lors de la phase précédente.

Toute cette démarche logique de revue de contrôle interne suivie et appliquée par l'auditeur lui permet de s'assurer de l'efficacité du contrôle interne et d'identifier les domaines et les systèmes à risques élevés. Celle-ci facilite l'étape suivante de la méthodologie générale qu'est celle de contrôle des comptes.

3. Contrôle des comptes

« Le contrôle des comptes consiste à comparer les chiffres des comptes annuels avec les justificatifs qui vont servir de preuve : factures d'achats ou de ventes, bons de livraison ou de commande, fiche de paie, relevés bancaires, note de taxi, etc.) ».

L'auditeur, pour justifier un chiffre, se servira de la pièce comptable correspondante ou d'un autre élément probant. D'après la norme 2103 de la Compagnie Nationale des Commissaires aux Comptes (CNCC) : « le commissaire aux comptes obtient tout au long de sa mission les éléments probants suffisants et appropriés pour fonder l'assurance raisonnable lui permettant de délivrer sa certification. »

3.1. Définition et principes généraux des éléments probants

« Les éléments probants désignent les informations obtenues par l'auditeur pour aboutir à des conclusions sur lesquelles son opinion est fondée. Ces informations sont constituées des documents justificatifs et des documents comptables supportant les états financiers et qui corroborent des informations provenant d'autres sources » [8].

Dans le cadre de l'audit des états financiers, pour collecter les éléments nécessaires, l'auditeur pourra faire appel aux huit (08) techniques suivantes :

- L'inspection des actifs corporels, qui correspond à un contrôle physique des actifs corporels ;
- L'inspection des enregistrements ou des documents qui consiste à examiner des enregistrements ou des documents, soit internes soit externes, sous forme papier, sous forme électronique ou autres supports ;
- Les contrôles arithmétiques ;
- La demande d'information, qui peut être adressée à des personnes internes ou externes à l'entreprise ;
- La confirmation directe, qui consiste à obtenir de la part des tiers qui entretiennent des relations commerciales ou financières avec l'entreprise auditée, des informations sur le solde de leurs comptes avec l'entreprise ou sur des opérations effectuées avec elle ;
- L'observation physique qui consiste à examiner la façon dont une procédure est exécutée au sein de l'entreprise ;
- Les analyses, estimations, rapprochements et recoupements effectués entre les informations obtenues et documents examinés et tous les autres indices recueillis ;
- La réexécution de contrôles qui porte sur des contrôles déjà réalisés à l'origine par l'entreprise ;

---

[8] Le cadre général de l'audit, page 412

Les techniques citées ci-dessus peuvent s'utiliser seules ou en combinaison à tous les stades de l'audit des comptes.

3.1.1. Observation physique et Inspection des actifs corporels

C'est une technique qui consiste à vérifier physiquement l'existence matérielle d'un actif. Elle concerne certains postes d'actifs et, en particulier, les stocks et d'autres éléments tels les immobilisations corporelles, les effets ou les espèces en caisse.

Pour les immobilisations corporelles, l'objectif est de comparer les fichiers des immobilisations aux existants. L'auditeur pourra effectuer deux (02) contrôles :

Il partira du fichier des immobilisations pour constater ensuite l'existence des biens. Il notera ensuite, lors de la visite des locaux les caractéristiques de certains équipements choisis par lui et se fera présenter par la suite les fiches comptables correspondantes.

Les stocks constituent une partie importante de l'actif, l'auditeur doit s'assurer que conformément aux exigences légales, les stocks sont correctement valorisés c'est-à-dire un inventaire des stocks est dressé.

Le contrôle des effets de commerce porte principalement sur leur matérialité c'est-à-dire leur liquidité : effets à échéance lointaine, effets dont l'échéance est dépassée, effets retournés impayés.

Les espèces en caisse feront l'objet d'une remise de la caisse de la caisse à l'auditeur qui comptera les espèces, consignera sur un document le résultat des comptages dont une copie sera remise avec la caisse au caissier. Il existe bien d'autres éléments qui peuvent faire l'objet de contrôles physiques tels que : les stocks de chèques à remettre à l'encaissement, les bons de caisse, etc.

3.1.2. Inspection des enregistrements et documents

Pour l'auditeur, c'est une phase qui consiste à reprendre e travail effectué par l'entreprise et à analyser chaque opération enregistrée sur la base des pièces justificatives. Il ne vérifie jamais aveuglement n'importe quelle pièce : le plan de

mission, la revue du contrôle interne et l'utilisation des techniques de sondage conduisent à examiner un nombre suffisant et pertinent de documents pour fonder son opinion sur les comptes annuels.

3.1.3. Les contrôles arithmétiques

Les contrôles arithmétiques consistent à la vérification de la véracité des documents comptables. Ils comprennent les additions et multiplications, les reports, les centralisations dans la mesure où par exemple le total des comptes auxiliaires clients doit être égal au montant du poste clients au bilan, les égalités fondamentales entre divers documents.

3.1.4. Demandes d'informations

L'auditeur obtient du personnel de l'entreprise des déclarations qui peuvent être écrites ou verbales.

Les déclarations écrites renvoient par exemple à des factures, des relevés bancaires, etc.

Quant aux déclarations verbales, elles résultent des raisonnements qui n'ont pas été mis par écrit : évaluation d'une créance douteuse, évaluation d'une provision pour un procès, etc.

3.1.5. Demande de confirmation directe ou circularisation

« La confirmation directe est une procédure de révision habituelle qui consiste à demander à un tiers ayant des liens d'affaires avec l'entreprise vérifiée de confirmer directement au commissaire aux comptes ou au réviseur des informations concernant l'existence d'opérations ou soldes, ou tout autre renseignement » [9].

L'auditeur effectuera une sélection des tiers à confirmer. Pour cela il aura recours aux sondages. Le choix des soldes à confirmer doit tenir compte de toutes les particularités de l'entreprise contrôlée. Généralement seront retenus :

- Les soldes importants ;
- Les soldes anciens ;
- Les comptes annulés ou ayant fait l'objet de transferts ou de régularisations dans la période ;
- Les comptes au nom des employés ;
- Les soldes anormaux.

La principale limite de cette technique est le taux de réponse car les tiers circularisés ne répondent pas toujours ou de manière incomplète.

3.1.6. Procédures analytiques (ou examen analytique)

Les procédures analytiques sont des techniques de contrôle consistant à apprécier des informations financières à partir :

- De leurs corrélations avec d'autres informations issues ou non des comptes, ou avec des données antérieures, postérieures ou prévisionnelles de l'entité ou d'entités similaires ;
- De l'analyse des variations significatives ou des tendances inattendues.

Ces analyses permettent de découvrir des chiffres anormaux, des chiffres qui s'écartent du bon sens et de la simple logique ou des chiffres dont l'absence est surprenante

---

[9] Recommandations relatives à l'exercice des audits CNCC-Octobre 1980 page 137

3.1.7. La réexécution des contrôles

L'auditeur effectue des contrôles (théoriquement déjà effectués par l'entité) par recoupements internes. Ces contrôles se font par rapprochement d'informations internes provenant de différentes origines :

- Rapprochement entre amortissements et provisions au bilan et dotations et reprises au compte de résultat ;
- Rapprochement entre les charges comptabilisées dans le poste « charges de personnel » avec les éléments de la déclaration annuelle des données sociales ;
- Rapprochement entre les déclarations de taxes sur le chiffre d'affaires, les montants comptabilisés dans le compte « Etat » et les montants comptabilisés dans les différents postes de charges et de produits ;
- Etc.

4. Les rapports d'audit financier

A l'issue de sa mission, le commissaire aux comptes rédige quatre (04) types de rapports :

- Le rapport général (Rapport de certification) ;
- Le rapport spécial sur les conventions règlementées ;
- Le rapport spécial au conseil d'administration ;
- Le rapport sur les rémunérations.

4.1. Le rapport général

Le commissaire aux comptes communique dans son rapport général :

- l'opinion sur les comptes (Il certifie la régularité, la sincérité et l'image fidèle des comptes annuels) ;
- les conclusions de ses vérifications.

Il précisera qu'il a effectué les diligences estimées nécessaires selon les normes de la profession.

Le rapport général est structuré en deux (02) grandes parties et respecte un certain nombre d'éléments. La première partie porte sur l'expression de l'opinion et la deuxième est relative aux vérifications spécifiques et informations obligatoires. Il convient de souligner que ces deux parties sont précédées par une introduction générale dans laquelle le commissaire aux comptes :

- rappelle la mission et l'origine de sa mission ;
- mentionne le nom de l'entité concernée ;
- précise que les comptes annuels sont joints au rapport et indique l'exercice concerné ;
- mentionne que les comptes annuels sont arrêtés par l'organe compétent et qu'il lui appartient d'exprimer une opinion sur ces comptes.

4.1.1. Première partie du rapport général : Expression de l'opinion

Dans cette partie du rapport général, le commissaire aux comptes mentionne :

o L'expression de son opinion sur les comptes annuels ;
o Les objectifs et la nature d'une mission d'audit, en précisant que les travaux qu'il a effectués l'ont été conformément aux normes de la profession et qu'ils constituent une base raisonnable lui permettant d'exprimer son opinion sur les comptes annuels.

4.1.2. Deuxième partie du rapport général : Vérifications spécifiques et informations obligatoires

Dans la deuxième partie du rapport général, le commissaire aux comptes présente dans trois (03) paragraphes distincts :

- Les conclusions issues de certaines vérifications spécifiques : conclusion sous forme d'observation, ou au contraire d'absence d'observation, formuler un avis sur la sincérité et la concordance avec les comptes annuels des informations données dans le rapport de gestion et dans les documents adressés aux actionnaires sur la situation financière et les comptes annuels ;
- La mention des inexactitudes et irrégularités n'affectant pas les comptes annuels que le commissaire aux comptes aurait pu relever ;
- Les informations que la loi, le cas échéant fait obligation au commissaire aux comptes de mentionner : prises de participation et prises de contrôle intervenues au cours l'exercice, identité des personnes détenant le capital, etc.

4.2. Le rapport spécial sur les conventions règlementées

Dans ce rapport, le commissaire aux comptes présente les conventions dites « Règlementées ».

Les conventions réglementées concernent en particulier, les conventions entre deux (02) sociétés anonymes ayant des administrateurs communs, et les conventions intervenant entre une société et l'un de ses administrateurs.

C'est un rapport qui répond à une obligation légale et à certains objectifs. L'auditeur y fournit :

- L'énumération des conventions soumises à l'approbation de l'assemblée générale ;
- La nature et l'objet des dites conventions ;
- Les noms des administrateurs ou directeurs généraux intéressés ;
- L'importance des fournitures livrées ou prestations de services fournies ainsi que le montant des sommes versées ou reçues au cours de l'exercice en exécution des conventions.

Lorsque l'auditeur n'a été avisé d'aucune convention il présente un rapport indiquant cette situation.

4.3. Le rapport spécial au conseil d'administration

Le commissaire aux comptes, après avoir observé les dispositions légales concernant les actions dont les administrateurs ou membres du conseil de surveillance doivent être propriétaire, veille sur celles-ci et mentionne toute violation dans son rapport spécial au conseil d'administration.

Chapitre III: SPÉCIFICITÉ DES AUDITS DES PROJETS DE DÉVELOPPEMENT ET PERSPECTIVES

Les audits des projets financés par les bailleurs de fonds ne permettent pas à l'auditeur d'appliquer systématiquement les méthodologies d'audit classiques compte tenu des particularités et de la diversité que présentent ces projets. Ainsi ce chapitre décrira d'abord les objectifs et la spécificité de ces audits, ensuite, les étapes méthodologiques suivies par l'auditeur dans sa mission et enfin nous proposerons des perspectives d'avenir.

1. Objectifs de l'audit des projets et Spécificité

1.1 Objectifs de l'audit

Les objectifs d'une mission d'audit financier dans le cadre d'un projet financé par la Banque Mondiale sont :

- S'assurer que les fonds du prêt ont servi exclusivement à la réalisation des objectifs du projet ;
- S'assurer que les dispositions de l'accord de prêt en ce qui concerne les aspects financiers et comptables, ont été scrupuleusement respectées ;
- Vérifier que les Etats certifiés de dépenses présentés à la Banque Mondiale pour réapprovisionner le compte spécial sont fiables et que les factures et pièces comptables qui servent à les justifier sont authentiques ;
- Examiner les mouvements du compte spécial afin de vérifier si les ressources ont servi exclusivement pour régler la partie de dépenses à la charge de la Banque Mondiale (IDA ou BIRD);
- Donner une opinion sur la fiabilité des états financiers du projet.

L'auditeur doit exprimer une opinion écrite sur la fidélité et la sincérité de la situation financière du projet. Par rapport aux entreprises commerciales, cette opinion ne porte pas sur le résultat comptable, mais sur l'utilisation correcte des fonds décaissés au cours de l'exercice. L'objectif et la démarche de l'audit doivent être orientés dans ce seul but.

1.2. Spécificité de l'audit

Les missions d'audit des projets de développement financés par la Banque Mondiale comprennent : l'audit des états financiers et les missions connexes. Les missions connexes renvoient à l'audit des états annexes qui consiste à :
- La vérification du compte spécial ;
- La vérification des états certifiés de dépenses ;
- La vérification des demandes de retrait de fonds.

1.2.1. L'audit des états financiers

Les états financiers présentés par les projets ne sont pas toujours harmonisés. En effet, si certains ont mis en place un système comptable permettant de présenter des comptes similaires à ceux des entreprises commerciales, la grande majorité adopte un système de suivi financier basé, soit sur l'accord de crédit, soit sur le budget d'exécution.

Lorsque le projet présente des états financiers normalisés et dégage un résultat comptable, il conviendra pour l'auditeur d'adopter la démarche d'audit classique avec expression d'opinion sur le résultat comptable.

Au cas contraire, la mission de l'auditeur consiste à réviser une situation financière présentant un résultat net nul ou peu significatif. L'objectif principal ici est de vérifier l'utilisation normale des fonds prêtés dont le suivi financier est généralement fait suivant le modèle indiqué dans l'accord de crédit. Cette situation financière se présentant sous forme d'une comptabilité de trésorerie, ne fait pas suivie des engagements non décaissés (Factures fournisseurs non encore payées,…).

1.2.2. L'audit des états annexes

Dans un projet de développement financé par les bailleurs de fonds, les états annexes correspondent au compte spécial, aux relevés des dépenses et enfin aux demandes de retrait de fonds. L'audit consistera donc à leur vérification.

a. Vérification du compte spécial

Un compte spécial est une avance de fonds prélevée sur le crédit afin de permettre à l'organe d'exécution de disposer d'un fonds de roulement pour régler aux créanciers la part des dépenses admissibles devant être financées par le bailleur de fonds. Il est réalimenté sur la base des justifications des premières avances.

L'auditeur devra avoir à vérifier l'exactitude des opérations retraits et réapprovisionnements, y compris taux de change appliqués réalisées sur le compte spécial et s'assurer que les fonds du compte spécial ont été utilisés conformément à l'accord de prêt. À cette fin, il devra notamment examiner la concordance du solde du compte spécial à la période de contrôle, des registres du projet et des états de décaissement de la Banque Mondiale.

SCHEMA DE FONCTIONNEMENT
DU COMPTE SPÉCIAL

A. La Banque Mondiale approvisionne le compte spécial du Projet

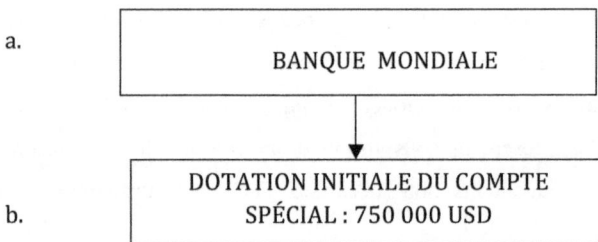

a.

BANQUE MONDIALE

b.

DOTATION INITIALE DU COMPTE SPÉCIAL : 750 000 USD

B. Le projet règle aux créanciers la part des dépenses admissibles devant être financées par la Banque Mondiale

b.

```
┌─────────────────────────────────────┐
│   DOTATION  INITIALE  DU COMPTE      │
│       SPÉCIAL: 750 000 USD           │
└─────────────────────────────────────┘
                    │
                    ▼
```

c.

```
┌─────────────────────────────────────┐
│   DÉPENSES DE FONCTIONNEMENT         │
│  PAYÉES SUR LE COMPTE SPÉCIAL SUR    │
│     UNE DURÉE T : 200 000 USD        │
└─────────────────────────────────────┘
```

C. Le projet demande à la Banque Mondiale de réalimenter le compte spécial à la hauteur des dépenses payées (200 000 USD dans le cas de notre exemple)

c.

```
┌─────────────────────────────────────┐
│   DÉPENSES DE FONCTIONNEMENT         │
│  PAYÉES SUR LE COMPTE SPÉCIAL SUR    │
│     UNE DURÉE  T : 200 000 USD       │
└─────────────────────────────────────┘
                    │
                    ▼
```

d.

```
┌─────────────────────────────────────┐
│   DEMANDE DE RETRAIT DE FONDS DE     │
│    RÉALIMENTATION DU COMPTE          │
│        SPÉCIAL : 200 000 USD         │
└─────────────────────────────────────┘
```

D. Enfin, la Banque Mondiale sur la base de la demande de retrait de fonds réapprovisionne le compte spécial

d.

```
┌─────────────────────────────────────┐
│   DEMANDE DE RETRAIT DE FONDS DE     │
│    RÉALIMENTATION DU COMPTE          │
│        SPÉCIAL : 200 000 USD         │
└─────────────────────────────────────┘
                    │
                    ▼
```

e.

```
┌─────────────────────────────────────┐
│   REMBOURSEMENT  DE LA DRF DE        │
│    RÉALIMENTATION DU COMPTE          │
│        SPÉCIAL : 200 000 USD         │
└─────────────────────────────────────┘
```

b. Vérification des Etats certifiés de dépenses

On entend par Etat certifié de dépenses, un relevé de dépenses soumis avec une demande de retrait de fonds, sans pièces justificatives, quand la soumission de ces pièces volumineuses n'est pas pratique ou quand le paiement concerne un marché d'un montant inférieur à 20 000 USD.

Les Etats certifiés de dépenses sont justifiés :

- Pour les remboursements des avances accordées au projet (compte spécial) ;
- Pour le paiement d'articles d'un montant peu élevé ;
- Lorsque la documentation est très volumineuse.

L'auditeur dans sa mission, vérifiera que les Etats certifiés de dépenses présentés par le projet à la Banque Mondiale sont fiables et que les factures et pièces comptables qui servent à les justifier sont authentiques.

c. Vérification des Etas des demandes de retrait de fonds

Une demande de retrait de fonds (DRF) est un formulaire spécial, qui permet au bénéficiaire d'un crédit ou à l'organe d'exécution désigné par ce dernier d'utiliser les fonds disponibles par des retraits successifs.

Il existe deux (02) types de demandes de retrait de fonds : Les demandes de retrait de fonds pour la réalimentation du compte spécial et les demandes de paiement direct.

Les demandes de retrait de fonds pour la réalimentation du compte spécial permettent au projet d'obtenir un remboursement des dépenses qu'il a préfinancées, de la part du bailleur de fonds en lui adressant une DRF. Elles comprennent essentiellement les petites dépenses de fonctionnement et de formation locale.

Les demandes de paiement direct renvoient aux demandes de retrait de fonds établies au profit des fournisseurs en paiement de leurs factures dont le montant est supérieur au seuil de 20.000 USD. Sur l'ordre du projet, le bailleur de fonds effectue le règlement de la facture directement au fournisseur, puis l'informe par un avis de tirage.

2. Méthodologie d'audit des projets de développement

La méthodologie d'audit adaptée aux projets de développement comprend différentes étapes ci-après : La prise de connaissance du projet, l'appréciation des procédures de contrôle interne mises en place par le projet, les contrôles spéciaux, le contrôle des comptes et enfin les rapports et formulation de l'opinion d'audit.

2.1. Prise de connaissance du projet

La connaissance du projet s'avère une phase très importante dans la méthodologie d'audit puisqu'elle permet à l'auditeur d'identifier les principales sources d'informations.

En effet, les activités des projets de développement financés par la Banque Mondiale portent sur divers domaines à savoir :

- La santé (assistance médicale, vaccination, infrastructure...) ;
- L'éducation (alphabétisation, documentation,...) ;
- Le social (planning familial, promotion féminine,...) ;
- L'énergie (électricité, barrages,...) ;
- L'économie (dettes publiques, crédits aux PME) ;
- L'agriculture (vulgarisation, recherches,...).

La méthodologie d'audit doit donc intégrer et identifier en fonction du domaine concerné, tous les intervenants et les principaux flux financiers.

2.2. Appréciation du contrôle interne

Ayant eu connaissance du projet, l'auditeur procède à l'évaluation des procédures de contrôles internes. Celles-ci seront évaluées par des tests de détection d'erreurs sur les informations obtenues. L'objectif est d'identifier les principales faiblesses de contrôles internes. Sur la base de l'importance de chaque faiblesse, l'auditeur effectuera des contrôles plus ou moins approfondis.

En matière de contrôle interne, il faut souligner que celui-ci est presque inefficace dans les projets de développement.

2.3. Contrôles spéciaux

Les contrôles spéciaux ou réalisation des missions connexes sont des vérifications spécifiques qu'effectue l'auditeur à la place de la Banque Mondiale. Ils permettent à l'auditeur de réduire le travail portant sur le contrôle des comptes de bilan et de résultat.

a. Vérification du compte spécial

Il convient pour l'auditeur dans cette phase de la mission, de vérifier d'une manière exhaustive, la régularité et la sincérité de tous les décaissements effectués sur le compte spécial et de s'assurer que ce dernier n'a été utilisé que pour les dépenses éligibles par la Banque Mondiale.

Les techniques suivantes peuvent être utilisées pour la vérification du compte spécial :

- Contrôle de la cohérence globale du solde du compte spécial en vérifiant l'égalité suivante : *Montant initial de l'avance en Compte Spécial = Solde de trésorerie + Dépenses éligibles non encore remboursées.*
- Contrôle de la cohérence globale de l'Etat récapitulatif des dépenses, en procédant par :
  - rapprochement du solde initial de l'Etat récapitulatif des dépenses avec le solde du relevé bancaire de début période ;
  - rapprochement du solde final avec le solde de fin d'exercice du relevé bancaire ;
  - rapprochement du total des réalimentations avec celui des Demandes de Retrait de Fonds encaissées au cours de l'exercice.
  - rapprochement du total des paiements de l'Etat récapitulatif des dépenses avec le cumul des décaissements sur le compte bancaire ;

- Contrôle des Demandes de Retrait de Fonds de réalimentation, en procédant par :

  - rapprochement des montants des Demandes de Retrait de Fonds envoyées à la Banque Mondiale avec les paiements effectués par cette dernière, afin d'identifier les rejets ;
  - analyse des causes des rejets et les traitements effectués par le Projet, afin d'obtenir leur remboursement.

- Contrôle des décaissements opérés sur le compte spécial, en procédant par :

  - Demande et obtention de tous les relevés bancaires émis sur le compte spécial ;
  - Contrôle de l'exhaustivité des relevés en pointant les périodes couvertes ;
  - Sélection de chaque montant supérieur ou égal xxx USD (selon de l'erreur tolérable définie dans le plan de mission) et vérifier les pièces justificatives correspondantes ;
  - Identification des virements en espèces effectués dans les caisses, et contrôle sur les dépenses atteignant le seuil fixé par la Banque Mondiale ;
  - Centralisation des décaissements de l'exercice et rapprochement du total avec celui indiqué sur l'Etat récapitulatif annuel.
  - Contrôle des totaux et des périodicités des Demandes de Retrait de Fonds, afin de s'assurer de l'exhaustivité des dépenses demandées en remboursement ;
  - Contrôle du respect de la procédure d'achat sur le choix des fournisseurs (notamment une consultation restreinte d'au moins de trois fournisseurs) par le projet.

En conclusion de ses vérifications, l'auditeur doit donc établir un rapport d'opinion sur les mouvements du compte spécial, assortie des réserves éventuelles.

b. Vérification de l'Etat de Relevé des dépenses (ou Etats certifiés de dépenses)

Ici, la mission de l'auditeur est de certifier que les pièces justifiant l'Etat de relevé des dépenses sont authentiques.

Les techniques de contrôle pouvant être mises en œuvre par l'auditeur sont :

- Contrôle de cohérence globale, en procédant par :

  • rapprochement entre le total des Relevés des Dépenses et le cumul des remboursements, afin d'identifier les DRF en cours à la clôture de l'exercice ;

  • Contrôle des totalisations de l'Etat récapitulatif annuel en vue de s'assurer de leur cohérence globale ;

- Contrôle des Relevés des dépenses, en procédant par :

  • Sélection de chaque montant supérieur ou égal à xxx USD (suivant le montant du seuil de l'erreur tolérable) et contrôler les pièces justificatives correspondantes ;

  • Contrôle de l'éligibilité des dépenses et le respect du seuil d'utilisation des Demandes de paiements directs (DPD), pour les gros contrats de génie civil : examiner attentivement les différents articles sur la périodicité des paiements ;

  • Contrôle du respect du seuil d'utilisation des RDD.

Un rapport d'opinion à l'issue de la vérification des états certifiés de dépenses doit être rédigé par l'auditeur sur la base de ses conclusions.

c. Vérification des demandes de retrait de fonds

La tâche relative à cette phase de la mission est celle qui consiste pour l'auditeur à la certification des demandes de paiements directs établies par le projet au profit de ses fournisseurs c'est-à-dire, vérifier si les procédures d'attribution des marchés mises en place par la Banque Mondiale ont été respectées.

Les techniques suivantes peuvent permettre de vérifier les demandes de retrait de fonds :

- Contrôle de cohérence globale, en procédant par :

- rapprochement entre les DRF indiquées dans l'Etat annuel et les paiements mentionnés dans le relevé annuel de la Banque Mondiale ;
- Contrôle de la totalisation des montants de l'Etat annuel en s'assurant de l'exhaustivité des DRF.
- Contrôle des DRF, en procédant par :
  - Identification de toutes les DRF des paiements directs et examination des conditions d'attribution des marchés ;
  - Contrôle du respect du seuil d'application des Demandes de paiements directs ;
  - Sélection des montants supérieurs à xxx USD et examination des dossiers de paiement en contrôlant l'existence et l'exhaustivité des pièces justificatives (facture, bon de commande, etc.) ;
  - Contrôle des dates de paiement, afin d'identifier les DRF en cours à la clôture de l'exercice ;
  - Contrôle de l'application des pourcentages de prise en charge par chaque source de financement, en sélectionnant les dépenses supérieures à xxx USD.

2.4. Contrôle des comptes

Contrairement à l'audit classique, le contrôle de comptes dans une mission d'audit des projets de développement ne prévoit pas tous les cas de figure.

Il faut noter au cours de celui-ci des risques d'erreurs fréquents sur les comptes. A titre d'exemples nous pouvons citer en ce qui concerne les comptes de bilan, une évaluation non exhaustive des charges constatées d'avance et pour ce qui est des comptes de charge, la non évaluation et non comptabilisation par certains projets des dotations aux amortissements et aux provisions.

Enfin l'auditeur adaptera les méthodes classiques de contrôle des comptes aux spécificités des comptes présentés par le projet pour réaliser son travail.

2.5. Rapports et formulation de l'opinion d'audit

A l'issue de la mission d'audit d'un projet financé par la Banque Mondiale, l'auditeur rédige cinq (05) types de rapports qui sont :
- Le rapport d'opinion sur les comptes annuels ou sur la situation financière du projet;
- Le rapport spécial sur le compte spécial ;
- Le rapport spécial sur l'Etat certifié des dépenses ou relevés de dépenses ;
- Le rapport spécial sur les demandes de retrait des fonds ;
- Le rapport sur les procédures administratives et comptables et sur le contrôle interne.

Ces rapports dont les modèles sont mis en place par la Banque Mondiale elle-même se présentent de la manière suivante :

2.5.1. Rapport d'opinion sur les comptes annuels ou sur la situation financière du projet

Il comprend trois (03) parties qui sont :

⤵ L'introduction

*Nous avons procédé à l'audit des états financiers (ci-joints) du Projet .....
Financé par le crédit N°... de l'IDA au 31 décembre 200N, pour l'exercice clos à cette date.*

Nous avons pour mission de formuler une opinion sur ces états financiers à la lumière des résultats de nos vérifications.

⤵ L'étendue de l'audit

Nous avons réalisé notre audit conformément aux normes internationales d'audit (ou aux directives de la Banque Mondiale) Ces normes (ou ces directives de la Banque Mondiale) imposent de programmer et d'effectuer l'audit de manière à avoir raisonnablement l'assurance que les états financiers ne comportent pas d'erreur significative. Un audit implique la vérification par sondage des pièces justificatives des montants et des informations fournis dans les états financiers. Il donne aussi lieu à l'évaluation des principes comptables appliqués par la direction, des estimations importantes effectuées par cette dernière et de la présentation générale des états financiers. Nous sommes d'avis que notre audit constitue une base raisonnable pour notre opinion.

⥮ Opinion

Notre opinion est que les états financiers donnent une image fidèle de la situation financière du projet ...... pour l'exercice clos le 31 décembre 200N, conformément aux normes comptables internationales.

2.5.2. Rapport spécial (Compte spécial, Relevés des dépenses ou Demandes de retrait de fonds)

Il comprend trois (03) parties qui sont :

⥮ L'introduction

Nous avons procédé à l'audit du compte spécial (ou l'Etat des RDD, DRF) du Projet ...... financé par le crédit N° .... Pour l'exercice clos le 31 décembre 200N. Nous avons pour mission de formuler une opinion sur les états financiers relatifs au Compte spécial à la lumière des résultats de nos vérifications.

⥮ Etendue de l'audit

Notre avons réalisé notre audit conformément aux normes internationales d'audit (ou aux directives de la Banque Mondiale) Ces normes (ou ces directives de la Banque Mondiale) imposent de programmer et d'effectuer l'audit de manière à avoir raisonnablement l'assurance que l'état financier relatif au Compte spécial ne

comportent pas d'erreur significative. Nous sommes d'avis que notre audit constitue
une base raisonnable pour notre opinion.

⊥ Opinion

Notre opinion est que l'état financier relatif au Compte spécial donne une
image fidèle de la position financière du Compte spécial du Projet..... au 31
décembre 200N pour l'exercice clos à cette date.

3. Perspectives

Comme souligné précédemment, les audits des projets de développement
financés par les bailleurs de fonds sont très spécifiques. Les techniques
méthodologiques utilisées par les auditeurs au cours de ces types de missions
d'audit sont celles qui résultent de l'adaptation des techniques méthodologiques
classiques aux particularités des projets.

Cependant, cette adaptation peut ou ne pas aboutir à une méthodologie efficace
qui répond aux principales attentes du bailleur de fonds. A cet effet pour
espérer une méthodologie d'audit qui soit toujours efficace :

- L'audit doit répondre aux spécificités de contrôle du projet ;
- L'auditeur doit bâtir une stratégie d'audit basée sur les objectifs de sa
  mission ;
- Il contrôlera l'exhaustivité des mouvements opérés au sein du projet ;
- La préparation du plan de mission doit tenir compte de l'environnement du
  projet, qui peut être souvent dominé par des enjeux politiques importants ;
- L'exécution des contrôles sur les comptes doit tenir compte du fait que
  l'objectif principal de la mission de l'auditeur n'est pas de donner un avis sur
  un résultat comptable, mais de se prononcer sur l'utilisation des fonds mis à
  la disposition du projet et présentés dans une situation financière ;

- L'identification des sources d'informations financières et comptables doit s'articuler essentiellement autour du système de décaissement des fonds et de son utilisation.

L'audit, mettant en relation l'auditeur et les audités (Ensemble du personnel concerné par l'audit au sein du projet), ces derniers sont donc tenus de contribuer à l'efficacité de l'audit en mettant à leur disposition :
- les objectifs et les diligences d'une mission d'audit financier : Ceci leur permettra d' améliorer la qualité des travaux de l'audit et défendre leurs points de vue le cas échéant en cas de divergence d'opinion avec l'auditeur.

CONCLUSION

Cette étude nous a conduit, dans un premier temps à la connaissance de la méthodologie générale des audits des états financiers, ensuite à la présentation des spécificités des audits des projets de développement financés par les bailleurs de fonds en particulier ceux financés par la Banque Mondiale (IDA et BIRD).

Ayant constaté la complexité du travail de l'auditeur lors d'une mission d'audit auprès d'un projet de développement que nous avons effectuée à Kinshasa en République Démocratique du Congo au cours de notre stage au Cabinet ERNST & YOUNG, nous avons été amené non pas à l'invention d'une nouvelle méthodologie d'audit mais à une modeste contribution, en proposant quelques perspectives favorisant une méthodologie efficace de l'audit.

En effet, contrairement aux entreprises commerciales et industrielles, les projets de développement présentent un environnement très diversifié. Cette diversification est due essentiellement à la nature et aux modes de financement de leurs activités. C'est ainsi que les audits relatifs à ce type d'organisation ne sont pas toujours standards. Ils sont très spécifiques. Leur mise en œuvre est souvent le fruit d'une adaptation faite par l'auditeur de la démarche d'audit classique prévue par les normes comptables internationales.

Cependant, l'on ne peut espérer un audit efficace que si ce dernier répond aux spécificités de contrôle du projet, la démarche méthodologique y relative étant basée sur les objectifs de la mission.

En terminant cette étude, nous estimons avoir mis à la disposition des auditeurs concernés par une mission d'audit technique externe de projets de développement, l'ensemble des caractéristiques que présentent ces derniers et les techniques méthodologiques leur permettant de répondre d'une manière fidèle et efficace aux attentes des bailleurs de fonds.

BIBLIOGRAPHIE

1. OUVRAGES

- **Lionel COLLINS & Gérard Valin,** Audit et contrôle interne, Edition Dalloz 1974 ;

- **Benoît PIGÉ,** Audit et contrôle interne, Edition Ems ;

2. BANQUE MONDIALE

- Rapport annuel 2007

- Directives passations des marchés financés par les prêts de la BIRD et les crédits de l'IDA - Banque Mondiale, Mai 2004

3. ARTICLES

- **NGATSE Ludovic :** Cours d'audit et contrôle interne, ISG, 2008 ;

- **MBOUSSA Sylvain :** Cours d'audit et contrôle interne, ISG, 2009 ;

- **FIDA,** Directives relatives à l'audit des projets ;

- **J. GUPTA,** Evaluation rétrospective des opérations : l'approche de la Banque Mondiale, Ecole Supérieur de Commerce de Paris, France, 1988

4. MEMOIRES

- **Kain MAGASSOUBA,** Méthodologie de contrôle et normes de rapport dans les projets de développement, Diplôme d'Expertise comptable Session de Novembre 2000 ;

5. SITES

- www.wikipedia.fr

- www.okalla-ahanda-formation.com

- www.ey.com

Table des matiÈres

www.ingramcontent.com/pod-product-compliance
Lightning Source LLC
Chambersburg PA
CBHW021608210326
41599CB00010B/663